TRANZLATY

El idioma es para todos

Мова для всіх

La Bella y la Bestia

Красуня і чудовисько

Gabrielle-Suzanne Barbot de Villeneuve

Español / Українська

Copyright © 2025 Tranzlaty
All rights reserved
Published by Tranzlaty
ISBN: 978-1-80572-096-6
Original text by Gabrielle-Suzanne Barbot de Villeneuve
La Belle et la Bête
First published in French in 1740
Taken from The Blue Fairy Book (Andrew Lang)
Illustration by Walter Crane
www.tranzlaty.com

Había una vez un rico comerciante
Був колись один багатий купець
Este rico comerciante tuvo seis hijos.
у цього багатого купця було шестеро дітей
Tenía tres hijos y tres hijas.
у нього було три сини і три дочки
No escatimó en gastos para su educación
він не шкодував коштів для їхньої освіти
Porque era un hombre sensato
бо він був розумною людиною
pero dio a sus hijos muchos siervos
але він дав своїм дітям багато слуг
Sus hijas eran extremadamente bonitas
його дочки були надзвичайно гарні
Y su hija menor era especialmente bonita.
а його молодша дочка була особливо гарна
Desde niña ya admiraban su belleza
у дитинстві її красою вже захоплювалися
y la gente la llamaba por su belleza
і люди прозвали її за її красу
Su belleza no se desvaneció a medida que envejecía.
її краса не зникала, коли вона старіла
Así que la gente seguía llamándola por su belleza.
тому люди продовжували називати її за її красу
Esto puso muy celosas a sus hermanas.
це дуже заздрило її сестрам
Las dos hijas mayores tenían mucho orgullo.
дві старші доньки мали велику гордість
Su riqueza era la fuente de su orgullo.
їхнє багатство було джерелом їхньої гордості
y tampoco ocultaron su orgullo
та й гордості не приховували
No visitaron a las hijas de otros comerciantes.
до інших купецьких дочок не ходили
Porque sólo se encuentran con la aristocracia.
тому що вони зустрічаються лише з аристократією

Salían todos los días a fiestas.
вони щодня ходили на вечірки
bailes, obras de teatro, conciertos, etc.
бали, вистави, концерти тощо
y se rieron de su hermana menor
і вони сміялися над своєю молодшою сестрою
Porque pasaba la mayor parte del tiempo leyendo
тому що більшу частину часу вона проводила за читанням
Era bien sabido que eran ricos
було добре відомо, що вони заможні
Así que varios comerciantes eminentes pidieron su mano.
тож кілька відомих купців попросили їхньої руки
pero dijeron que no se iban a casar
але сказали, що одружуватися не збираються
Pero estaban dispuestos a hacer algunas excepciones.
але вони були готові зробити деякі винятки
"Quizás podría casarme con un duque"
«Можливо, я міг би вийти заміж за герцога»
"Supongo que podría casarme con un conde"
«Здається, я могла б вийти заміж за графа»
Bella agradeció muy civilizadamente a quienes le propusieron matrimonio.
Красуня дуже цивілізовано подякувала тим, хто зробив їй пропозицію
Ella les dijo que todavía era demasiado joven para casarse.
вона сказала їм, що ще занадто молода, щоб вийти заміж
Ella quería quedarse unos años más con su padre.
вона хотіла залишитися ще кілька років з батьком
De repente el comerciante perdió su fortuna.
Раптом купець втратив свій капітал
Lo perdió todo excepto una pequeña casa de campo.
він втратив усе, окрім маленької дачі
Y con lágrimas en los ojos les dijo a sus hijos:
і він сказав своїм дітям зі сльозами на очах:
"Tenemos que ir al campo"
"ми повинні їхати в село"

"y debemos trabajar para vivir"
"і ми повинні працювати, щоб заробити на життя"
Las dos hijas mayores no querían abandonar el pueblo.
дві старші дочки не хотіли їхати з міста
Tenían varios amantes en la ciudad.
у них було кілька коханців у місті
y estaban seguros de que uno de sus amantes se casaría con ellos
і вони були впевнені, що один із їхніх коханців одружиться з ними
Pensaban que sus amantes se casarían con ellos incluso sin fortuna.
вони думали, що їхні коханці одружаться з ними навіть без достатку
Pero las buenas damas estaban equivocadas.
але добрі дами помилилися
Sus amantes los abandonaron muy rápidamente
їхні коханці дуже швидко їх покинули
porque ya no tenían fortuna
бо в них уже не було статків
Esto demostró que en realidad no eran muy queridos.
це показало, що їх насправді не дуже люблять
Todos dijeron que no merecían compasión.
всі казали, що вони не заслуговують на жалість
"Nos alegra ver su orgullo humillado"
«Ми раді бачити їхню гордість приниженою»
"Que se sientan orgullosos de ordeñar vacas"
"нехай пишаються доїнням корів"
Pero estaban preocupados por Bella.
але вони були стурбовані красою
Ella era una criatura tan dulce
вона була таким милим створінням
Ella hablaba tan amablemente a la gente pobre.
вона так ласкаво розмовляла з бідними людьми
Y ella era de una naturaleza tan inocente.
і вона була такого невинного характеру

Varios caballeros se habrían casado con ella.
Кілька панів одружилися б з нею
Se habrían casado con ella aunque fuera pobre
вони б одружилися з нею, хоча вона була бідна
pero ella les dijo que no podía casarlos
але вона сказала їм, що не може вийти за них заміж
porque ella no dejaría a su padre
тому що вона не залишить свого батька
Ella estaba decidida a ir con él al campo.
вона вирішила поїхати з ним у сільську місцевість
para que ella pudiera consolarlo y ayudarlo
щоб вона могла його втішити і допомогти
La pobre belleza estaba muy triste al principio.
Бідна красуня спочатку дуже засмутилася
Ella estaba afligida por la pérdida de su fortuna.
вона переживала втрату свого стану
"Pero llorar no cambiará mi suerte"
"але плач не змінить моєї долі"
"Debo intentar ser feliz sin riquezas"
«Я повинен спробувати зробити себе щасливим без багатства»
Llegaron a su casa de campo
вони приїхали на свою дачу
y el comerciante y sus tres hijos se dedicaron a la agricultura
і купець із трьома синами зайнявся землеробством
Bella se levantó a las cuatro de la mañana.
красуня піднялася о четвертій ранку
y se apresuró a limpiar la casa
і вона поспішила прибирати в хаті
y se aseguró de que la cena estuviera lista
і вона подбала про те, щоб вечеря була готова
Al principio encontró su nueva vida muy difícil.
на початку їй було дуже важко нове життя
porque no estaba acostumbrada a ese tipo de trabajo
бо вона не звикла до такої роботи
Pero en menos de dos meses se hizo más fuerte.

але менш ніж за два місяці вона зміцніла
Y ella estaba más sana que nunca.
і вона була здоровішою, ніж будь-коли раніше
Después de haber hecho su trabajo, leyó
після того, як вона зробила свою роботу, вона прочитала
Ella tocaba el clavicémbalo
вона грала на клавесині
o cantaba mientras hilaba seda
або вона співала, поки пряла шовк
Por el contrario, sus dos hermanas no sabían cómo pasar el tiempo.
Навпаки, дві її сестри не знали, як проводити час
Se levantaron a las diez y no hicieron nada más que holgazanear todo el día.
вони вставали о десятій і цілий день нічого не робили, тільки ледарювали
Lamentaron la pérdida de sus hermosas ropas.
вони оплакували втрату свого прекрасного одягу
y se quejaron de perder a sus conocidos
і вони скаржилися на втрату своїх знайомих
"Mirad a nuestra hermana menor", se dijeron.
«Погляньте на нашу молодшу сестру», — казали вони один одному
"¡Qué criatura tan pobre y estúpida es!"
"яка ж вона бідна і дурна істота"
"Es mezquino contentarse con tan poco"
"підло задовольнятися таким малим"
El amable comerciante tenía una opinión muy diferente.
добрий купець був зовсім іншої думки
Él sabía muy bien que Bella eclipsaba a sus hermanas.
він добре знав, що краса перевершує її сестер
Ella los eclipsó tanto en carácter como en mente.
вона перевершила їх як характером, так і розумом
Él admiraba su humildad y su arduo trabajo.
він захоплювався її скромністю та її працьовитістю
Pero sobre todo admiraba su paciencia.

але найбільше він захоплювався її терпінням
Sus hermanas le dejaron todo el trabajo por hacer.
її сестри залишили їй всю роботу
y la insultaban a cada momento
і вони ображали її щохвилини
La familia había vivido así durante aproximadamente un año.
Так родина прожила близько року
Entonces el comerciante recibió una carta de un contable.
потім купець отримав листа від бухгалтера
Tenía una inversión en un barco.
він інвестував у корабель
y el barco había llegado sano y salvo
і корабель благополучно прибув
Esta noticia hizo que las dos hijas mayores se volvieran locas.
Його новина сколихнула голови двох старших дочок
Inmediatamente tuvieron esperanzas de regresar a la ciudad.
у них одразу з'явилася надія повернутися до міста
Porque estaban bastante cansados de la vida en el campo.
тому що вони були досить втомлені від сільського життя
Fueron a ver a su padre cuando él se iba.
вони пішли до батька, коли він йшов
Le rogaron que les comprara ropa nueva
вони благали його купити їм новий одяг
Vestidos, cintas y todo tipo de cositas.
сукні, стрічки і всякі дрібнички
Pero Bella no pedía nada.
але краса нічого не просила
Porque pensó que el dinero no sería suficiente.
тому що вона думала, що грошей буде недостатньо
No habría suficiente para comprar todo lo que sus hermanas querían.
не вистачило б, щоб купити все, що хотіли її сестри
- ¿Qué te gustaría, Bella? -preguntó su padre.
— Чого б ти хотіла, красуне? запитав її батько

"Gracias, padre, por la bondad de pensar en mí", dijo.
«Дякую тобі, батьку, за те, що ти думаєш про мене», — сказала вона
"Padre, ten la amabilidad de traerme una rosa"
"тату, будь ласкавий принести мені троянду"
"Porque aquí en el jardín no crecen rosas"
"тому що тут в саду не ростуть троянди"
"y las rosas son una especie de rareza"
"а троянди - це якась рідкість"
A Bella realmente no le importaban las rosas
Красуня не дуже дбала про троянди
Ella solo pidió algo para no condenar a sus hermanas.
вона лише про щось просила, щоб не засуджувати своїх сестер
Pero sus hermanas pensaron que ella pidió rosas por otros motivos.
але її сестри думали, що вона просила троянди з інших причин
"Lo hizo sólo para parecer especial"
"вона зробила це, щоб виглядати особливо"
El hombre amable continuó su viaje.
Добрий чоловік вирушив у дорогу
pero cuando llego discutieron sobre la mercancía
але коли він прибув, вони посперечалися про товар
Y después de muchos problemas volvió tan pobre como antes.
і після великої біди він повернувся таким же бідним, як і раніше
Estaba a un par de horas de su propia casa.
він був за пару годин від свого дому
y ya imaginaba la alegría de ver a sus hijos
і він уже уявляв радість від побачення своїх дітей
pero al pasar por el bosque se perdió
але коли йшов лісом заблукав
Llovió y nevó terriblemente
йшов страшенний дощ і сніг

El viento era tan fuerte que lo arrojó del caballo.
вітер був такий сильний, що скинув його з коня
Y la noche se acercaba rápidamente
і швидко наступала ніч
Empezó a pensar que podría morir de hambre.
він почав думати, що може померти з голоду
y pensó que podría morir congelado
і він думав, що може замерзнути на смерть
y pensó que los lobos podrían comérselo
і він думав, що вовки можуть його з'їсти
Los lobos que oía aullar a su alrededor
вовки, яких він чув, як виють навколо нього
Pero de repente vio una luz.
але раптом він побачив світло
Vio la luz a lo lejos entre los árboles.
він побачив світло здалеку крізь дерева
Cuando se acercó vio que la luz era un palacio.
коли він підійшов ближче, то побачив, що світло було палацом
El palacio estaba iluminado de arriba a abajo.
палац був освітлений зверху вниз
El comerciante agradeció a Dios por su suerte.
дякував купець Богові за удачу
y se apresuró a ir al palacio
і він поспішив до палацу
Pero se sorprendió al no ver gente en el palacio.
але він був здивований, не побачивши людей у палаці
El patio estaba completamente vacío.
двір був зовсім порожній
y no había señales de vida en ninguna parte
і ніде не було жодних ознак життя
Su caballo lo siguió hasta el palacio.
його кінь пішов за ним у палац
y luego su caballo encontró un gran establo
а потім його кінь знайшов велику стайню
El pobre animal estaba casi muerto de hambre.

бідна тварина майже зголодніла
Entonces su caballo fue a buscar heno y avena.
тож його кінь увійшов, щоб знайти сіно й овес
Afortunadamente encontró mucho para comer.
на щастя, він знайшов багато їжі
y el mercader ató su caballo al pesebre
і купець прив'язав коня до ясел
Caminando hacia la casa no vio a nadie.
Йдучи до будинку, він нікого не побачив
Pero en un gran salón encontró un buen fuego.
але у великій залі він знайшов гарний вогонь
y encontró una mesa puesta para uno
і він знайшов стіл, накритий для одного
Estaba mojado por la lluvia y la nieve.
він був мокрий від дощу та снігу
Entonces se acercó al fuego para secarse.
тож він підійшов до вогню, щоб висохнути
"Espero que el dueño de la casa me disculpe"
«Сподіваюся, господар будинку мене вибачить»
"Supongo que no tardará mucho en aparecer alguien"
«Мені здається, що хтось з'явиться недовго»
Esperó un tiempo considerable
Він чекав досить довго
Esperó hasta que dieron las once y todavía no venía nadie.
він чекав, доки пробило одинадцять, але ніхто не прийшов
Al final tenía tanta hambre que no podía esperar más.
нарешті він був такий голодний, що не міг більше чекати
Tomó un poco de pollo y se lo comió en dos bocados.
він узяв трохи курки і з'їв її двома ковтками
Estaba temblando mientras comía la comida.
він тремтів, коли їв їжу
Después de esto bebió unas copas de vino.
після цього він випив кілька келихів вина
Cada vez más valiente, salió del salón.
набравшись сміливості, він вийшов із залу
y atravesó varios grandes salones

і він пройшов через кілька великих залів
Caminó por el palacio hasta llegar a una cámara.
він пройшов через палац, поки не зайшов у кімнату
Una habitación que tenía una cama muy buena.
кімната, в якій було надзвичайно добре ліжко
Estaba muy fatigado por su terrible experiencia.
він був дуже втомлений від своїх випробувань
Y ya era pasada la medianoche
а час був уже за північ
Entonces decidió que era mejor cerrar la puerta.
тому він вирішив, що краще зачинити двері
y concluyó que debía irse a la cama
і він вирішив, що йому слід лягти спати
Eran las diez de la mañana cuando el comerciante se despertó.
Була десята ранку, коли купець прокинувся
Justo cuando iba a levantarse vio algo
коли він збирався встати, він щось побачив
Se sorprendió al ver un conjunto de ropa limpia.
він був здивований, побачивши чистий комплект одягу
En el lugar donde había dejado su ropa sucia.
в тому місці, де він залишив свій брудний одяг
"Seguramente este palacio pertenece a algún tipo de hada"
"Цей палац, звичайно, належить якійсь феї"
" Un hada que me ha visto y se ha compadecido de mí"
" фея , яка побачила і пожаліла мене"
Miró por una ventana
він дивився у вікно
Pero en lugar de nieve vio el jardín más delicioso.
але замість снігу він побачив найпрекрасніший сад
Y en el jardín estaban las rosas más hermosas.
а в саду були найгарніші троянди
Luego regresó al gran salón.
потім він повернувся до великої зали
El salón donde había tomado sopa la noche anterior.
зал, де він їв суп напередодні ввечері

y encontró un poco de chocolate en una mesita
і він знайшов трохи шоколаду на столику
"Gracias, buena señora hada", dijo en voz alta.
— Дякую, добра пані Фея, — сказав він уголос
"Gracias por ser tan cariñoso"
"дякую за таку турботу"
"Le estoy sumamente agradecido por todos sus favores"
«Я дуже вдячний вам за всі ваші послуги»
El hombre amable bebió su chocolate.
добрий чоловік випив свій шоколад
y luego fue a buscar su caballo
а потім пішов шукати свого коня
Pero en el jardín recordó la petición de Bella.
але в саду він згадав прохання красуні
y cortó una rama de rosas
і він зрізав гілку троянд
Inmediatamente oyó un gran ruido
відразу почув він великий шум
y vio una bestia terriblemente espantosa
і побачив він жахливого звіра
Estaba tan asustado que estaba a punto de desmayarse.
він так злякався, що ладен був знепритомніти
-Eres muy desagradecido -le dijo la bestia.
— Ти дуже невдячний, — сказав йому звір
Y la bestia habló con voz terrible
і заговорив звір страшним голосом
"Te he salvado la vida al permitirte entrar en mi castillo"
«Я врятував тобі життя, дозволивши тобі у свій замок»
"¿Y a cambio me robas mis rosas?"
"і за це ти крадеш мої троянди взамін?"
"Las rosas que valoro más que nada"
«Троянди, які я ціную понад усе»
"Pero morirás por lo que has hecho"
"але ти помреш за те, що ти зробив"
"Sólo te doy un cuarto de hora para que te prepares"
«Я даю тобі лише чверть години, щоб підготуватися»

"**Prepárate para la muerte y di tus oraciones**"
"готуйся до смерті і помолись"
El comerciante cayó de rodillas
купець упав на коліна
y alzó ambas manos
і він підняв обидві руки
"**Mi señor, le ruego que me perdone**"
«Мій пане, я благаю вас пробачити мене»
"**No tuve intención de ofenderte**"
«Я не мав наміру вас образити»
"**Recogí una rosa para una de mis hijas**"
«Я зібрав троянду для однієї зі своїх дочок»
"**Ella me pidió que le trajera una rosa**"
"вона попросила мене принести їй троянду"
-**No soy tu señor, pero soy una bestia -respondió el monstruo.**
«Я не твій володар, але я звір», — відповів чудовисько
"**No me gustan los cumplidos**"
«Я не люблю компліментів»
"**Me gusta la gente que habla como piensa**"
«Мені подобаються люди, які говорять так, як думають»
"**No creas que me puedo conmover con halagos**"
"не думай, що мене можуть зворушити лестощі"
"**Pero dices que tienes hijas**"
«Але ви кажете, що у вас є дочки»
"**Te perdonaré con una condición**"
«Я пробачу тебе за однієї умови»
"**Una de tus hijas debe venir voluntariamente a mi palacio**"
«одна з ваших дочок має добровільно прийти до мого палацу»
"**y ella debe sufrir por ti**"
"і вона повинна страждати за вас"
"**Déjame tener tu palabra**"
"Дайте мені слово"
"**Y luego podrás continuar con tus asuntos**"
"а потім можете займатися своїми справами"

"Prométeme esto:"
«Пообіцяй мені це:»
"Si tu hija se niega a morir por ti, deberás regresar dentro de tres meses"
«Якщо ваша дочка відмовляється померти за вас, ви повинні повернутися протягом трьох місяців»
El comerciante no tenía intenciones de sacrificar a sus hijas.
купець не мав наміру приносити в жертву своїх дочок
Pero, como le habían dado tiempo, quiso volver a ver a sus hijas.
але, оскільки йому дали час, він хотів ще раз побачити своїх дочок
Así que prometió que volvería.
тому він пообіцяв, що повернеться
Y la bestia le dijo que podía partir cuando quisiera.
і звір сказав йому, що він може вирушити, коли забажає
y la bestia le dijo una cosa más
і звір сказав йому ще одну річ
"No te irás con las manos vacías"
"не підеш з порожніми руками"
"Vuelve a la habitación donde yacías"
"повертайся до кімнати, де ти лежав"
"Verás un gran cofre del tesoro vacío"
"Ви побачите велику порожню скриню зі скарбами"
"Llena el cofre del tesoro con lo que más te guste"
"наповни скриню зі скарбами тим, що тобі найбільше подобається"
"y enviaré el cofre del tesoro a tu casa"
"і я відправлю скриню зі скарбами до вас додому"
Y al mismo tiempo la bestia se retiró.
і в той же час звір відступив
"Bueno", se dijo el buen hombre.
«Ну що ж, — сказав собі молодець
"Si tengo que morir, al menos dejaré algo a mis hijos"
«Якщо мені доведеться померти, я принаймні щось залишу своїм дітям»

Así que regresó al dormitorio.
тому він повернувся до спальні
y encontró una gran cantidad de piezas de oro
і він знайшов дуже багато шматків золота
Llenó el cofre del tesoro que la bestia había mencionado.
він наповнив скриню зі скарбами, про яку згадував звір
y sacó su caballo del establo
і він вивів свого коня зі стайні
La alegría que sintió al entrar al palacio ahora era igual al dolor que sintió al salir de él.
радість, яку він відчував, увійшовши до палацу, тепер була рівна горю, яке він відчував, покидаючи його
El caballo tomó uno de los caminos del bosque.
кінь пішов однією з лісових доріг
Y en pocas horas el buen hombre estaba en casa.
і за кілька годин молодець був удома
Sus hijos vinieron a él
до нього приходили його діти
Pero en lugar de recibir sus abrazos con placer, los miró.
але замість того, щоб із задоволенням прийняти їхні обійми, він дивився на них
Levantó la rama que tenía en sus manos.
він підняв гілку, яку мав у руках
y luego estalló en lágrimas
а потім розплакався
"Belleza", dijo, "por favor toma estas rosas".
«Красуня, — сказав він, — будь ласка, візьми ці троянди»
"No puedes saber lo costosas que han sido estas rosas"
"Ви не можете знати, як дорого коштували ці троянди"
"Estas rosas le han costado la vida a tu padre"
"ці троянди коштували вашому батькові життя"
Y luego contó su fatal aventura.
а потім розповів про свою фатальну пригоду
Inmediatamente las dos hermanas mayores gritaron.
одразу закричали дві старші сестри
y le dijeron muchas cosas malas a su hermosa hermana

і вони сказали багато поганих речей своїй прекрасній сестрі
Pero Bella no lloró en absoluto.
але красуня зовсім не плакала
"Mirad el orgullo de ese pequeño desgraciado", dijeron.
«Погляньте на гордість цього маленького негідника», — сказали вони
"ella no pidió ropa fina"
"вона не просила гарний одяг"
"Ella debería haber hecho lo que hicimos"
"вона повинна була зробити те, що ми зробили"
"ella quería distinguirse"
"вона хотіла виділитися"
"Así que ahora ella será la muerte de nuestro padre"
"тож тепер вона буде смертю нашого батька"
"Y aún así no derrama ni una lágrima"
"а вона не ронить сльози"
"¿Por qué debería llorar?" respondió Bella
— Чого мені плакати? — відповіла красуня
"Llorar sería muy innecesario"
"плакати було б дуже марно"
"mi padre no sufrirá por mí"
"мій батько не буде страждати за мене"
"El monstruo aceptará a una de sus hijas"
"монстр прийме одну зі своїх дочок"
"Me ofreceré a toda su furia"
«Я запропоную себе всій його люті»
"Estoy muy feliz, porque mi muerte salvará la vida de mi padre"
«Я дуже щасливий, тому що моя смерть врятує життя моєму батькові»
"mi muerte será una prueba de mi amor"
"моя смерть буде доказом мого кохання"
-No, hermana -dijeron sus tres hermanos.
— Ні, сестро, — сказали троє її братів
"Eso no será"

"цього не буде"
"Iremos a buscar al monstruo"
"ми підемо шукати монстра"
"y o lo matamos..."
«І або ми його вб'ємо...»
"...o pereceremos en el intento"
«...або ми загинемо при спробі»
"No imaginéis tal cosa, hijos míos", dijo el mercader.
«Не уявляйте собі нічого подібного, сини мої», — сказав купець
"El poder de la bestia es tan grande que no tengo esperanzas de que puedas vencerlo"
«Сила звіра настільки велика, що я не сподіваюся, що ти зможеш його подолати»
"Estoy encantado con la amable y generosa oferta de Bella"
«Я зачарований доброю та щедрою пропозицією красуні»
"pero no puedo aceptar su generosidad"
"але я не можу прийняти її щедрість"
"Soy viejo y no me queda mucho tiempo de vida"
«Я старий, і жити мені залишилося недовго»
"Así que sólo puedo perder unos pocos años"
"тому я можу втратити лише кілька років"
"Tiempo que lamento por vosotros, mis queridos hijos"
«час, про який я шкодую для вас, мої любі діти»
"Pero padre", dijo Bella
«Але тато», — сказала красуня
"No irás al palacio sin mí"
«без мене ти не підеш до палацу»
"No puedes impedir que te siga"
"ти не можеш заборонити мені стежити за тобою"
Nada podría convencer a Bella de lo contrario.
ніщо не могло переконати красу в іншому
Ella insistió en ir al bello palacio.
вона наполягала на тому, щоб піти до прекрасного палацу
y sus hermanas estaban encantadas con su insistencia
і її сестри були в захваті від її наполягань

El comerciante estaba preocupado ante la idea de perder a su hija.
Купець був стурбований думкою про втрату дочки
Estaba tan preocupado que se había olvidado del cofre lleno de oro.
він так хвилювався, що забув про скриню, повну золота
Por la noche se retiró a descansar y cerró la puerta de su habitación.
вночі він пішов відпочити і зачинив двері своєї кімнати
Entonces, para su gran asombro, encontró el tesoro junto a su cama.
потім, на свій превеликий подив, він знайшов скарб біля свого ліжка
Estaba decidido a no contárselo a sus hijos.
він вирішив не розповідати своїм дітям
Si lo supieran, hubieran querido regresar al pueblo.
якби вони знали, то хотіли б повернутися до міста
y estaba decidido a no abandonar el campo
і він вирішив не покидати села
Pero él confió a Bella el secreto.
але він довірив красі таємницю
Ella le informó que dos caballeros habían llegado.
вона сповістила його, що прийшли двоє панів
y le hicieron propuestas a sus hermanas
і вони зробили пропозиції її сестрам
Ella le rogó a su padre que consintiera su matrimonio.
вона благала батька дати згоду на їхній шлюб
y ella le pidió que les diera algo de su fortuna
і вона попросила його віддати їм частину свого стану
Ella ya los había perdonado.
вона вже їх пробачила
Las malvadas criaturas se frotaron los ojos con cebollas.
нечисті створіння натирали очі цибулею
Para forzar algunas lágrimas cuando se separaron de su hermana.
змусити сльози, коли розлучалися з сестрою

Pero sus hermanos realmente estaban preocupados.
але її брати справді були стурбовані
Bella fue la única que no derramó ninguna lágrima.
красуня єдина не пролила жодної сльози
Ella no quería aumentar su malestar.
вона не хотіла посилювати їхній неспокій
El caballo tomó el camino directo al palacio.
кінь пішов прямою дорогою до палацу
y hacia la tarde vieron el palacio iluminado
а ближче до вечора вони побачили освітлений палац
El caballo volvió a entrar solo en el establo.
кінь знову забрався в стайню
Y el buen hombre y su hija entraron en el gran salón.
і добрий чоловік з дочкою пішли до великої зали
Aquí encontraron una mesa espléndidamente servida.
тут вони знайшли чудово сервірований стіл
El comerciante no tenía apetito para comer
у купця не було апетиту їсти
Pero Bella se esforzó por parecer alegre.
але красуня намагалася виглядати веселою
Ella se sentó a la mesa y ayudó a su padre.
вона сіла за стіл і допомогла батькові
Pero también pensó para sí misma:
але вона також думала про себе:
"La bestia seguramente quiere engordarme antes de comerme"
"звір напевно хоче мене відгодувати, перш ніж з'їсти"
"Por eso ofrece tanto entretenimiento"
"саме тому він надає такі рясні розваги"
Después de haber comido oyeron un gran ruido.
після того як вони поїли, вони почули великий шум
Y el comerciante se despidió de su desdichado hijo con lágrimas en los ojos.
і купець зі сльозами на очах прощався зі своєю нещасною дитиною
Porque sabía que la bestia venía

бо він знав, що звір іде
Bella estaba aterrorizada por su horrible forma.
Красуня жахнулася його жахливої форми
Pero ella tomó coraje lo mejor que pudo.
але вона набралася мужності, як могла
Y el monstruo le preguntó si venía voluntariamente.
і чудовисько запитало її, чи охоче вона прийшла
-Sí, he venido voluntariamente -dijo temblando.
«Так, я прийшла охоче», — тремтячи, сказала вона
La bestia respondió: "Eres muy bueno"
звір відповів: "Ти дуже хороший"
"Y te lo agradezco mucho, hombre honesto"
"і я вам дуже вдячний; чесна людина"
"Continuad vuestro camino mañana por la mañana"
"йди своїм шляхом завтра вранці"
"Pero nunca pienses en venir aquí otra vez"
"але ніколи не думай приходити сюди знову"
"Adiós bella, adiós bestia", respondió.
«Прощай красуне, прощай звір», — відповів він
Y de inmediato el monstruo se retiró.
і відразу чудовисько пішло
"Oh, hija", dijo el comerciante.
— Ой, дочко, — сказав купець
y abrazó a su hija una vez más
і він ще раз обійняв дочку
"Estoy casi muerto de miedo"
«Я майже до смерті наляканий»
"Créeme, será mejor que regreses"
"повір мені, тобі краще повернутися"
"déjame quedarme aquí, en tu lugar"
"дай мені залишитися тут замість тебе"
—No, padre —dijo Bella con tono decidido.
— Ні, батьку, — рішуче сказала красуня
"Partirás mañana por la mañana"
"ти вирушиш завтра вранці"
"déjame al cuidado y protección de la providencia"

«залиш мене на піклування та захист провидіння»
Aún así se fueron a la cama
тим не менше вони пішли спати
Pensaron que no cerrarían los ojos en toda la noche.
думали цілу ніч ока не зімкнути
pero justo cuando se acostaron se durmieron
але як лягли, так і заснули
Bella soñó que una bella dama se acercó y le dijo:
красуні приснилося, що прийшла прекрасна жінка і сказала їй:
"Estoy contento, bella, con tu buena voluntad"
«Я задоволений, красуне, твоєю доброю волею»
"Esta buena acción tuya no quedará sin recompensa"
"цей твій добрий вчинок не залишиться без винагороди"
Bella se despertó y le contó a su padre su sueño.
Прокинулася красуня і розповіла батькові свій сон
El sueño ayudó a consolarlo un poco.
сон допоміг йому трохи втішитися
Pero no pudo evitar llorar amargamente mientras se marchaba.
але він не міг стримати гіркого плачу, коли йшов
Tan pronto como se fue, Bella se sentó en el gran salón y lloró también.
як тільки він пішов, красуня сіла у великій залі й теж заплакала
Pero ella decidió no sentirse inquieta.
але вона вирішила не хвилюватися
Ella decidió ser fuerte por el poco tiempo que le quedaba de vida.
вона вирішила бути сильною за той небагато часу, що їй залишилося жити
Porque creía firmemente que la bestia la comería.
тому що вона твердо вірила, що звір її з'їсть
Sin embargo, pensó que también podría explorar el palacio.
однак вона подумала, що з таким же успіхом може дослідити палац

y ella quería ver el hermoso castillo
і вона хотіла оглянути прекрасний замок
Un castillo que no pudo evitar admirar.
замок, яким вона не могла не милуватися
Era un palacio deliciosamente agradable.
це був чудово приємний палац
y ella se sorprendió muchísimo al ver una puerta
і вона була надзвичайно здивована, побачивши двері
Y sobre la puerta estaba escrito que era su habitación.
а над дверима було написано, що це її кімната
Ella abrió la puerta apresuradamente
вона поспішно відчинила двері
y ella quedó completamente deslumbrada con la magnificencia de la habitación.
і вона була дуже вражена пишністю кімнати
Lo que más le llamó la atención fue una gran biblioteca.
головним чином її увагу привернула велика бібліотека
Un clavicémbalo y varios libros de música.
клавесин і кілька нотних книжок
"Bueno", se dijo a sí misma.
«Ну що ж, — сказала вона сама собі
"Veo que la bestia no dejará que mi tiempo cuelgue pesadamente"
"Я бачу, що звір не дасть моєму часу зависнути"
Entonces reflexionó sobre su situación.
потім вона розмірковувала про свою ситуацію
"Si me hubiera quedado un día, todo esto no estaría aquí"
«Якби мені судилося залишитися на день, усього цього тут не було б»
Esta consideración le inspiró nuevo coraje.
це міркування надихнуло її новою мужністю
y tomó un libro de su nueva biblioteca
і вона взяла книгу зі своєї нової бібліотеки
y leyó estas palabras en letras doradas:
і вона прочитала ці слова золотими літерами:
"Bienvenida Bella, destierra el miedo"

«Ласкаво просимо красуне, вижени страх»
"Eres reina y señora aquí"
«Ти тут королева і володарка»
"Di tus deseos, di tu voluntad"
«Говори свої бажання, говори свою волю»
"Aquí la obediencia rápida cumple tus deseos"
"Швидка слухняність тут відповідає вашим бажанням"
"¡Ay!", dijo ella con un suspiro.
— На жаль, — сказала вона, зітхнувши
"Lo que más deseo es ver a mi pobre padre"
«Найбільше я хочу побачити мого бідного батька»
"y me gustaría saber qué está haciendo"
"і я хотів би знати, що він робить"
Tan pronto como dijo esto se dio cuenta del espejo.
Сказавши це, вона помітила дзеркало
Para su gran asombro, vio su propia casa en el espejo.
на свій превеликий подив вона побачила в дзеркалі свій власний дім
Su padre llegó emocionalmente agotado.
її батько прийшов емоційно виснажений
Sus hermanas fueron a recibirlo
її сестри пішли йому назустріч
A pesar de sus intentos de parecer tristes, su alegría era visible.
незважаючи на їхні спроби здаватися сумними, їхня радість була помітна
Un momento después todo desapareció
через мить усе зникло
Y las aprensiones de Bella también desaparecieron.
і побоювання красуні теж зникли
porque sabía que podía confiar en la bestia
бо вона знала, що може довіряти звірові
Al mediodía encontró la cena lista.
Опівдні вона знайшла вечерю готовою
Ella se sentó a la mesa
вона сама сіла за стіл

y se entretuvo con un concierto de música
і її розважали музичним концертом
Aunque no podía ver a nadie
хоча вона нікого не бачила
Por la noche se sentó a cenar otra vez
вночі знову сіла вечеряти
Esta vez escuchó el ruido que hizo la bestia.
цього разу вона почула шум, який видав звір
y ella no pudo evitar estar aterrorizada
і вона не могла не налякатися
"belleza", dijo el monstruo
«Красуня», - сказав монстр
"¿Me permites comer contigo?"
"Ви дозволяєте мені поїсти з вами?"
"Haz lo que quieras", respondió Bella temblando.
— Роби, як хочеш, — тремтячи, відповіла красуня
"No", respondió la bestia.
— Ні, — відповів звір
"Sólo tú eres la señora aquí"
"Ти одна господиня тут"
"Puedes despedirme si soy problemático"
"Ви можете відіслати мене, якщо я буду неприємний"
"Despídeme y me retiraré inmediatamente"
"відпусти мене, і я негайно відійду"
-Pero dime, ¿no te parece que soy muy fea?
«Але скажи мені, ти не вважаєш мене дуже потворним?»
"Eso es verdad", dijo Bella.
— Це правда, — сказала красуня
"No puedo decir una mentira"
«Я не можу говорити неправду»
"Pero creo que tienes muy buen carácter"
"але я вірю, що ти дуже добродушний"
"Sí, lo soy", dijo el monstruo.
— Справді, — сказав чудовисько
"Pero aparte de mi fealdad, tampoco tengo sentido"
«Але, окрім моєї потворності, я також не маю розуму»

"Sé muy bien que soy una criatura tonta"
«Я добре знаю, що я дурна істота»
—No es ninguna locura pensar así —replicó Bella.
«Це не є ознакою дурості так думати», — відповіла красуня
"Come entonces, bella", dijo el monstruo.
— Тоді їж, красуне, — сказала потвора
"Intenta divertirte en tu palacio"
"спробуйте розважитися у своєму палаці"
"Todo aquí es tuyo"
"все тут твоє"
"Y me sentiría muy incómodo si no fueras feliz"
"і мені було б дуже незручно, якби ти не був щасливий"
-Eres muy servicial -respondió Bella.
«Ви дуже люб'язні», - відповіла красуня
"Admito que estoy complacido con su amabilidad"
«Зізнаюся, я задоволений вашою добротою»
"Y cuando considero tu bondad, apenas noto tus deformidades"
«і коли я розглядаю вашу доброту, я майже не помічаю ваших пороків»
"Sí, sí", dijo la bestia, "mi corazón es bueno".
«Так, так, — сказав звір, — моє серце добре
"Pero aunque soy bueno, sigo siendo un monstruo"
"але хоча я хороший, я все одно чудовисько"
"Hay muchos hombres que merecen ese nombre más que tú"
"Є багато чоловіків, які заслуговують на це ім'я більше, ніж ти"
"Y te prefiero tal como eres"
"і я віддаю перевагу тобі таким, який ти є"
"y te prefiero más que a aquellos que esconden un corazón ingrato"
"і я віддаю перевагу тобі більше, ніж тим, хто приховує невдячне серце"
"Si tuviera algo de sentido común", respondió la bestia.
«Якби я мав трохи розуму», — відповів звір
"Si tuviera sentido común, te haría un buen cumplido para

agradecerte"
«Якби я був розумним, то зробив би гарний комплімент на подяку»
"Pero soy tan aburrida"
"але я такий нудний"
"Sólo puedo decir que le estoy muy agradecido"
«Можу тільки сказати, що я вам дуже вдячний»
Bella comió una cena abundante
красуня ситно повечеряла
y ella casi había superado su miedo al monstruo
і вона майже подолала свій страх перед монстром
Pero ella quería desmayarse cuando la bestia le hizo la siguiente pregunta.
але вона хотіла знепритомніти, коли звір поставив їй наступне запитання
"Belleza, ¿quieres ser mi esposa?"
"Красуня, ти станеш моєю дружиною?"
Ella tardó un tiempo antes de poder responder.
їй знадобився деякий час, перш ніж вона змогла відповісти
Porque tenía miedo de hacerlo enojar
бо боялася його розлютити
Al final, sin embargo, dijo: "No, bestia".
нарешті, однак, вона сказала "ні, звір"
Inmediatamente el pobre monstruo silbó muy espantosamente.
одразу жахливо зашипіла бідна потвора
y todo el palacio hizo eco
і весь палац перегукувався
Pero Bella pronto se recuperó de su susto.
але красуня скоро оговталася від переляку
porque la bestia volvió a hablar con voz triste
бо звір знову заговорив жалібним голосом
"Entonces adiós, belleza"
"тоді прощай, красуне"
y sólo se volvía de vez en cuando
і він тільки час від часу повертався назад

mirarla mientras salía
дивитися на неї, коли він виходить
Ahora Bella estaba sola otra vez
тепер красуня знову залишилася одна
Ella sintió mucha compasión
вона відчула велике співчуття
"Ay, es una lástima"
«На жаль, це тисяча жаль»
"algo tan bueno no debería ser tan feo"
"все, що має такий добрий характер, не повинно бути таким потворним"
Bella pasó tres meses muy contenta en palacio.
Три місяці красуня дуже задоволена провела в палаці
Todas las noches la bestia le hacía una visita.
щовечора звір відвідував її
y hablaron durante la cena
і вони розмовляли під час вечері
Hablaban con sentido común
вони говорили зі здоровим глуздом
Pero no hablaban con lo que la gente llama ingenio.
але вони не говорили з тим, що люди називають дотепністю
Bella siempre descubre algún carácter valioso en la bestia.
Краса завжди відкривала в звірі якийсь цінний характер
y ella se había acostumbrado a su deformidad
і вона звикла до його деформації
Ella ya no temía el momento de su visita.
вона більше не боялася часу його візиту
Ahora a menudo miraba su reloj.
тепер вона часто дивилася на годинник
y ella no podía esperar a que fueran las nueve en punto
і вона не могла дочекатися, коли буде дев'ята година
Porque la bestia nunca dejaba de venir a esa hora
тому що звір ніколи не пропускав прийти в ту годину
Sólo había una cosa que preocupaba a Bella.
було лише одне, що стосувалося краси

Todas las noches antes de irse a dormir la bestia le hacía la misma pregunta.
кожного вечора перед тим, як вона лягла спати, звір ставив їй те саме запитання
El monstruo le preguntó si sería su esposa.
монстр запитав її, чи стане вона його дружиною
Un día ella le dijo: "bestia, me pones muy nerviosa"
одного разу вона сказала йому: "Звірюко, ти мене дуже тривожиш"
"Me gustaría poder consentir en casarme contigo"
«Я б хотів дати згоду вийти за тебе заміж»
"Pero soy demasiado sincero para hacerte creer que me casaría contigo"
"але я надто щирий, щоб змусити тебе повірити, що я б одружився з тобою"
"nuestro matrimonio nunca se realizará"
"наш шлюб ніколи не відбудеться"
"Siempre te veré como un amigo"
«Я завжди буду бачити тебе другом»
"Por favor, trate de estar satisfecho con esto"
"будь ласка, спробуй бути задоволеним цим"
"Debo estar satisfecho con esto", dijo la bestia.
«Я повинен бути задоволений цим», - сказав звір
"Conozco mi propia desgracia"
«Я знаю свою біду»
"pero te amo con el más tierno cariño"
"але я люблю тебе найніжнішою любов'ю "
"Sin embargo, debo considerarme feliz"
«Однак я повинен вважати себе щасливим»
"Y me alegraría que te quedaras aquí"
"і я повинен бути щасливий, що ти залишишся тут"
"Prométeme que nunca me dejarás"
"пообіцяй мені ніколи не залишати мене"
Bella se sonrojó ante estas palabras.
красуня почервоніла від цих слів
Un día Bella se estaba mirando en el espejo.

Одного разу красуня дивилась у своє дзеркало
Su padre se había preocupado muchísimo por ella.
її батько дуже переживав за неї
Ella anhelaba verlo de nuevo más que nunca.
вона прагнула побачити його знову як ніколи
"Podría prometerte que nunca te abandonaré por completo"
«Я міг би пообіцяти, що ніколи не покидаю тебе повністю»
"Pero tengo un deseo tan grande de ver a mi padre"
"але я дуже хочу побачити свого батька"
"Me molestaría muchísimo si dijeras que no"
«Я буду неймовірно засмучений, якщо ти скажеш «ні»
"Preferiría morir yo mismo", dijo el monstruo.
— Краще б я сам помер, — сказав чудовисько
"Prefiero morir antes que hacerte sentir incómodo"
«Я краще помру, ніж змушу тебе почуватися неспокійно»
"Te enviaré con tu padre"
«Я відішлю тебе до твого батька»
"permanecerás con él"
"ти залишишся з ним"
"y esta desafortunada bestia morirá de pena en su lugar"
"а цей нещасний звір замість цього помре з горя"
"No", dijo Bella, llorando.
— Ні, — сказала красуня, плачучи
"Te amo demasiado para ser la causa de tu muerte"
«Я люблю тебе занадто сильно, щоб стати причиною твоєї смерті»
"Te doy mi promesa de regresar en una semana"
«Я обіцяю тобі повернутися через тиждень»
"Me has demostrado que mis hermanas están casadas"
«Ви показали мені, що мої сестри вийшли заміж»
"y mis hermanos se han ido al ejército"
"а мої брати пішли в армію"
"déjame quedarme una semana con mi padre, ya que está solo"
«дай мені тиждень побути з батьком, бо він один»

"Estarás allí mañana por la mañana", dijo la bestia.
— Ти будеш там завтра вранці, — сказав звір
"pero recuerda tu promesa"
"але пам'ятай свою обіцянку"
"Solo tienes que dejar tu anillo sobre una mesa antes de irte a dormir"
«Вам потрібно лише покласти каблучку на стіл перед тим, як лягти спати»
"Y luego serás traído de regreso antes de la mañana"
"і тоді вас повернуть до ранку"
"Adiós querida belleza", suspiró la bestia.
— Прощавай, люба красуне, — зітхнув звір
Bella se fue a la cama muy triste esa noche.
Того вечора красуня дуже засмучена лягла спати
Porque no quería ver a la bestia tan preocupada.
тому що вона не хотіла бачити звіра таким стурбованим
A la mañana siguiente se encontró en la casa de su padre.
наступного ранку вона опинилася вдома в батька
Ella hizo sonar una campanita junto a su cama.
вона подзвонила в дзвіночок біля свого ліжка
y la criada dio un grito fuerte
і служниця голосно скрикнула
y su padre corrió escaleras arriba
і її батько побіг нагору
Él pensó que iba a morir de alegría.
він думав, що помре від радості
La sostuvo en sus brazos durante un cuarto de hora.
він тримав її на руках чверть години
Finalmente los primeros saludos terminaron.
нарешті перші привітання закінчилися
Bella empezó a pensar en levantarse de la cama.
красуня почала думати встати з ліжка
pero se dio cuenta de que no había traído ropa
але вона зрозуміла, що не принесла одягу
pero la criada le dijo que había encontrado una caja
але покоївка сказала їй, що знайшла коробку

El gran baúl estaba lleno de vestidos y batas.
велика скриня була повна халатів і суконь
Cada vestido estaba cubierto de oro y diamantes.
кожна сукня була вкрита золотом і діамантами
Bella agradeció a la Bestia por su amable atención.
Красуня подякувала звіра за його добру турботу
y tomó uno de los vestidos más sencillos
і вона взяла одну з найпростіших суконь
Ella tenía la intención de regalar los otros vestidos a sus hermanas.
інші сукні вона мала намір віддати своїм сестрам
Pero ante ese pensamiento el arcón de ropa desapareció.
але при цій думці скриня з одягом зникла
La bestia había insistido en que la ropa era solo para ella.
звір наполягав, що одяг призначений лише для неї
Su padre le dijo que ese era el caso.
її батько сказав їй, що це так
Y enseguida volvió el baúl de la ropa.
і негайно скриня з одягом повернулася назад
Bella se vistió con su ropa nueva
красуня одяглася в новий одяг
Y mientras tanto las doncellas fueron a buscar a sus hermanas.
а тим часом служниці пішли шукати її сестер
Ambas hermanas estaban con sus maridos.
обидві її сестри були зі своїми чоловіками
Pero sus dos hermanas estaban muy infelices.
але обидві її сестри були дуже нещасні
Su hermana mayor se había casado con un caballero muy guapo.
її старша сестра вийшла заміж за дуже гарного джентльмена
Pero estaba tan enamorado de sí mismo que descuidó a su esposa.
але він так любив себе, що знехтував своєю дружиною
Su segunda hermana se había casado con un hombre

ingenioso.
її друга сестра вийшла заміж за дотепного чоловіка
Pero usó su ingenio para atormentar a la gente.
але він використовував свою дотепність, щоб мучити людей
Y atormentaba a su esposa sobre todo.
а найбільше він мучив свою дружину
Las hermanas de Bella la vieron vestida como una princesa
сестри красуні бачили її одягненою, як принцеса
y se enfermaron de envidia
і вони були хворі на заздрість
Ahora estaba más bella que nunca
тепер вона була прекрасніша, ніж будь-коли
Su comportamiento cariñoso no pudo sofocar sus celos.
її ніжна поведінка не могла придушити їхні ревнощі
Ella les contó lo feliz que estaba con la bestia.
вона розповіла їм, як вона щаслива зі звіром
y sus celos estaban a punto de estallar
і їхні ревнощі були готові вибухнути
Bajaron al jardín a llorar su desgracia.
Спустилися вони в сад плакати про свою біду
"¿En qué sentido esta pequeña criatura es mejor que nosotros?"
«Чим ця маленька істота краща за нас?»
"¿Por qué debería estar mucho más feliz?"
«Чому вона має бути такою щасливішою?»
"Hermana", dijo la hermana mayor.
— Сестро, — сказала старша сестра
"Un pensamiento acaba de golpear mi mente"
"мені в голову спала одна думка"
"Intentemos mantenerla aquí más de una semana"
"давайте спробуємо протримати її тут більше тижня"
"Quizás esto enfurezca al tonto monstruo"
"можливо, це розлютить дурного монстра"
"porque ella hubiera faltado a su palabra"
"тому що вона порушила б своє слово"

"y entonces podría devorarla"
"і тоді він може зжерти її"
"Esa es una gran idea", respondió la otra hermana.
«Це чудова ідея», — відповіла інша сестра
"Debemos mostrarle la mayor amabilidad posible"
"ми повинні проявити до неї якомога більше доброти"
Las hermanas tomaron esta resolución
сестри прийняли це рішення
y se comportaron con mucho cariño con su hermana
і вони дуже ніжно ставилися до своєї сестри
La pobre belleza lloró de alegría por toda su bondad.
бідна красуня плакала від радості від усієї їхньої доброти
Cuando la semana se cumplió, lloraron y se arrancaron el pelo.
коли тиждень минув, вони плакали і рвали на собі волосся
Parecían muy apenados por separarse de ella.
їм, здавалося, було так шкода розлучатися з нею
y Bella prometió quedarse una semana más
і красуня пообіцяла залишитися ще на тиждень
Mientras tanto, Bella no pudo evitar reflexionar sobre sí misma.
А поки красуня не могла не задуматися про себе
Ella se preocupaba por lo que le estaba haciendo a la pobre bestia.
вона хвилювалася, що робила з бідним звіром
Ella sabía que lo amaba sinceramente.
вона знає, що щиро кохала його
Y ella realmente anhelaba verlo otra vez.
і їй дуже хотілося побачити його знову
La décima noche también la pasó en casa de su padre.
десяту ніч вона теж провела в батька
Ella soñó que estaba en el jardín del palacio.
їй наснилося, що вона була в саду палацу
y soñó que veía a la bestia extendida sobre la hierba
і їй приснилося, що вона побачила звіра, що розтягнувся на траві

Parecía reprocharle con voz moribunda
— ніби передсмертним голосом дорікав їй
y la acusó de ingratitud
і він звинуватив її в невдячності
Bella se despertó de su sueño.
красуня прокинулася зі сну
y ella estalló en lágrimas
і вона розплакалася
"**¿No soy muy malvado?**"
— Хіба я не дуже зла?
"**¿No fue cruel de mi parte actuar tan cruelmente con la bestia?**"
— Хіба не жорстоко з мого боку поводитися так недоброзичливо зі звіром?
"**La bestia hizo todo lo posible para complacerme**"
"звір робив усе, щоб догодити мені"
-¿Es culpa suya que sea tan feo?
— Це він винен, що такий потворний?
¿Es culpa suya que tenga tan poco ingenio?
— Це він винен, що в нього так мало розуму?
"**Él es amable y bueno, y eso es suficiente**"
«Він добрий і добрий, і цього достатньо»
"**¿Por qué me negué a casarme con él?**"
— Чому я відмовилася вийти за нього заміж?
"**Debería estar feliz con el monstruo**"
"Я повинен бути щасливий з монстром"
"**Mira los maridos de mis hermanas**"
"Подивіться на чоловіків моїх сестер"
"**ni el ingenio ni la belleza los hacen buenos**"
"ні дотепність, ні краса не роблять їх хорошими"
"**Ninguno de sus maridos las hace felices**"
"жоден з їхніх чоловіків не робить їх щасливими"
"**pero virtud, dulzura de carácter y paciencia**"
«але чеснота, лагідність і терпеливість»
"**Estas cosas hacen feliz a una mujer**"
"ці речі роблять жінку щасливою"

"y la bestia tiene todas estas valiosas cualidades"
"і звір має всі ці цінні якості"
"Es cierto; no siento la ternura del afecto por él"
«Це правда; я не відчуваю ніжності прихильності до нього»
"Pero encuentro que tengo la más alta gratitud por él"
"але я вважаю, що маю йому найбільшу вдячність"
"y tengo por él la más alta estima"
"і я дуже його поважаю"
"y él es mi mejor amigo"
"і він мій найкращий друг"
"No lo haré miserable"
«Я не зроблю його нещасним»
"Si fuera tan desagradecido nunca me lo perdonaría"
«Якби я був таким невдячним, я б ніколи собі не пробачив»
Bella puso su anillo sobre la mesa.
красуня поклала перстень на стіл
y ella se fue a la cama otra vez
і вона знову лягла спати
Apenas estaba en la cama cuando se quedó dormida.
Ледве вона була в ліжку, перш ніж заснула
Ella se despertó de nuevo a la mañana siguiente.
наступного ранку вона знову прокинулася
Y ella estaba muy contenta de encontrarse en el palacio de la bestia.
і вона дуже зраділа, опинившись у палаці звіра
Ella se puso uno de sus vestidos más bonitos para complacerlo.
вона одягла одну зі своїх найкращих суконь, щоб догодити йому
y ella esperó pacientemente la tarde
і вона терпляче чекала вечора
llegó la hora deseada
настала бажана година
El reloj dio las nueve, pero ninguna bestia apareció
годинник пробив дев'яту, але звір не з'явився

Bella entonces temió haber sido la causa de su muerte.
Тоді красуня боялася, що вона стала причиною його смерті
Ella corrió llorando por todo el palacio.
вона бігала з плачем по всьому палацу
Después de haberlo buscado por todas partes, recordó su sueño.
після того, як шукала його всюди, вона згадала свій сон
y ella corrió hacia el canal en el jardín
і вона побігла до каналу в саду
Allí encontró a la pobre bestia tendida.
там вона знайшла бідолаху розтягнутою
y estaba segura de que lo había matado
і вона була впевнена, що вбила його
Ella se arrojó sobre él sin ningún temor.
вона без жодного страху кинулася на нього
Su corazón todavía latía
його серце все ще билося
Ella fue a buscar un poco de agua al canal.
вона набрала води з каналу
y derramó el agua sobre su cabeza
і вона вилила йому воду на голову
La bestia abrió los ojos y le habló a Bella.
звір відкрив очі і промовив до красуні
"Olvidaste tu promesa"
«Ти забув свою обіцянку»
"Me rompió el corazón haberte perdido"
«Я був так розбитий серцем, що втратив тебе»
"Resolví morirme de hambre"
«Я вирішив померти себе голодом»
"pero tengo la felicidad de verte una vez más"
"але я маю щастя бачити вас ще раз"
"Así tengo el placer de morir satisfecho"
"тому я маю задоволення померти задоволеним"
"No, querida bestia", dijo Bella, "no debes morir".
«Ні, звірюко, — сказала красуня, — ти не повинен

померти».
"Vive para ser mi marido"
«Живи, щоб бути моїм чоловіком»
"Desde este momento te doy mi mano"
"з цього моменту я подаю тобі руку"
"Y juro no ser nadie más que tuyo"
"і я клянусь бути тільки твоїм"
"¡Ay! Creí que sólo tenía una amistad para ti"
«На жаль! Я думав, що маю для тебе тільки дружбу»
"Pero el dolor que ahora siento me convence;"
«але горе, яке я зараз відчуваю, переконує мене»;
"No puedo vivir sin ti"
«Я не можу жити без тебе»
Bella apenas había dicho estas palabras cuando vio una luz.
ледь красуня сказала ці слова, коли побачила світло
El palacio brillaba con luz
палац виблискував світлом
Los fuegos artificiales iluminaron el cielo
небо осяяв феєрверк
y el aire se llenó de música
і повітря наповнене музикою
Todo daba aviso de algún gran acontecimiento
все сповіщало про якусь велику подію
Pero nada podía captar su atención.
але ніщо не могло привернути її увагу
Ella se volvió hacia su querida bestia.
— звернулася вона до свого милого звіра
La bestia por la que ella temblaba de miedo
звір, за якого вона тремтіла від страху
¡Pero su sorpresa fue grande por lo que vio!
але її здивування було великим!
La bestia había desaparecido
звір зник
En cambio, vio al príncipe más encantador.
натомість вона побачила найпрекраснішого принца
Ella había puesto fin al hechizo.

вона поклала край чарам
Un hechizo bajo el cual se parecía a una bestia.
чари, під якими він нагадував звіра
Este príncipe era digno de toda su atención.
цей принц був вартий усієї її уваги
Pero no pudo evitar preguntar dónde estaba la bestia.
але вона не могла не запитати, де звір
"Lo ves a tus pies", dijo el príncipe.
— Бачиш його біля своїх ніг, — сказав князь
"Un hada malvada me había condenado"
«Зла фея засудила мене»
"Debía permanecer en esa forma hasta que una hermosa princesa aceptara casarse conmigo"
«Я мав залишатися в такому стані, доки прекрасна принцеса не погодиться вийти за мене заміж»
"El hada ocultó mi entendimiento"
"фея приховала моє розуміння"
"Fuiste el único lo suficientemente generoso como para quedar encantado con la bondad de mi temperamento"
"Ти був єдиним достатньо щедрим, щоб бути зачарованим добротою моєї вдачі"
Bella quedó felizmente sorprendida
— радісно здивувалася красуня
Y le dio la mano al príncipe encantador.
і подала чарівному принцу руку
Entraron juntos al castillo
вони разом пішли в замок
Y Bella se alegró mucho al encontrar a su padre en el castillo.
і красуня дуже зраділа, знайшовши свого батька в замку
y toda su familia estaba allí también
і вся її родина також була там
Incluso Bella dama que apareció en su sueño estaba allí.
навіть прекрасна жінка, яка з'явилася в її сні, була там
"Belleza", dijo la dama del sueño.
«Красуня», - сказала жінка зі сну
"ven y recibe tu recompensa"

"приходь і отримай свою винагороду"
"Has preferido la virtud al ingenio o la apariencia"
"ви віддаєте перевагу чесноті над розумом чи зовнішністю"
"Y tú mereces a alguien en quien se unan estas cualidades"
"і ти заслуговуєш на когось, в якому ці якості об'єднані"
"vas a ser una gran reina"
"ти будеш великою королевою"
"Espero que el trono no disminuya vuestra virtud"
«Сподіваюся, трон не зменшить вашої чесноти»
Entonces el hada se volvió hacia las dos hermanas.
тоді фея звернулася до двох сестер
"He visto dentro de vuestros corazones"
«Я бачив у ваших серцях»
"Y sé toda la malicia que contienen vuestros corazones"
"і я знаю всю злобу у ваших серцях"
"Ustedes dos se convertirán en estatuas"
"Ви двоє станете статуями"
"pero mantendréis vuestras mentes"
"але ви збережете свій розум"
"estarás a las puertas del palacio de tu hermana"
«ти будеш стояти біля воріт палацу твоєї сестри»
"La felicidad de tu hermana será tu castigo"
"Щастя твоєї сестри буде тобі покаранням"
"No podréis volver a vuestros antiguos estados"
"ти не зможеш повернутися в колишні стани"
"A menos que ambos admitan sus errores"
"Якщо ви обоє не визнаєте свої провини"
"Pero preveo que siempre permaneceréis como estatuas"
"але я передбачаю, що ви завжди залишатиметеся статуями"
"El orgullo, la ira, la gula y la ociosidad a veces se vencen"
«Гордість, гнів, ненажерливість і неробство іноді перемагаються»
" pero la conversión de las mentes envidiosas y maliciosas son milagros"
" але навернення заздрісників і злих розумів - це чудеса"

Inmediatamente el hada dio un golpe con su varita.
миттєво фея вдарила паличкою
Y en un momento todos los que estaban en el salón fueron transportados.
і за мить усіх, хто був у залі, розвезли
Habían entrado en los dominios del príncipe.
вони пішли в княжі володіння
Los súbditos del príncipe lo recibieron con alegría.
піддані князя прийняли його з радістю
El sacerdote casó a Bella y la bestia
священик одружив красуню і чудовисько
y vivió con ella muchos años
і він прожив з нею багато років
y su felicidad era completa
і їхнє щастя було повним
porque su felicidad estaba fundada en la virtud
тому що їхнє щастя було засноване на чесноті

          El fin
          Кінець

www.tranzlaty.com

www.ingramcontent.com/pod-product-compliance
Lightning Source LLC
Chambersburg PA
CBHW011555070526
44585CB00023B/2615